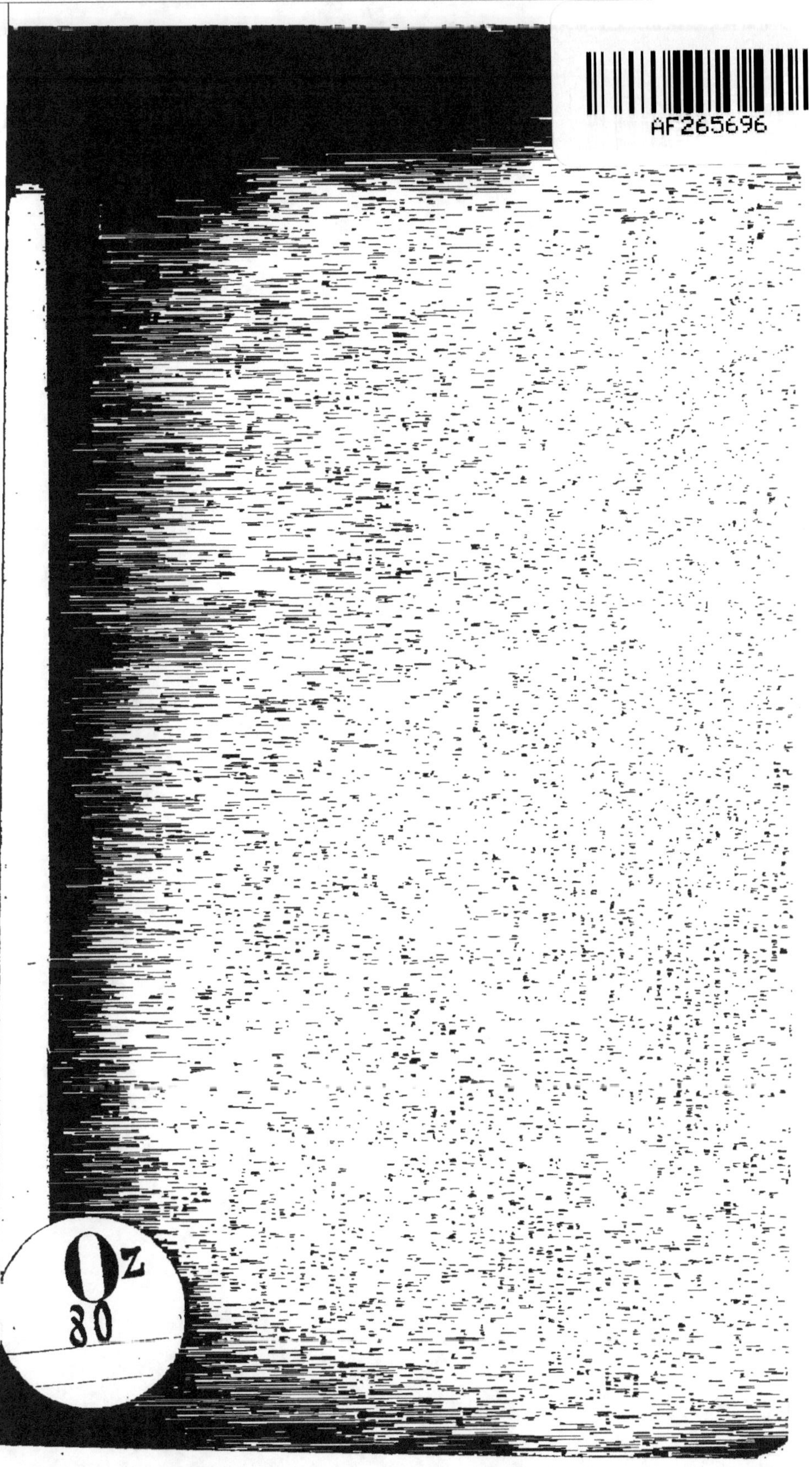

AF265696
Oz
80

CÉRÉMONIE

DE BÉATIFICATION

DES PP. JEAN DE BRITTO ET ANDRÉ BOBOLA,

Missionnaires de la Compagnie de Jésus, martyrs.

Du 18 au 20 de ce mois, la chapelle de saint Va-
lère a vu s'accomplir une de ces belles cérémonies
auxquelles la compagnie de Jésus commence à nous
accoutumer. Cette heureuse mère de tant de saints
célébrait, dans ce sanctuaire trop étroit mais orné avec
un goût parfait, la béatification des deux de ses enfants, dignes frères des Claver et des François-Régis :
Jean de Britto et André Bobola, tous deux missionnaires, tous deux martyrs; l'un Portugais, arrosant
des flots de son sang la difficile mission du Maduré,
l'autre Polonais, martyrisé par les Cosaques schismatiques, en haine de l'Église romaine. Cette fête a été
remarquable surtout par le concours empressé que
lui ont offert et le clergé, et les congrégations
religieuses, et les fidèles de toutes classes.

Un pinceau plein de vigueur avait fourni à la déco-
ration de la chapelle deux tableaux - transparents
représentant d'un côté le B. de Britto recevant avec le
coup de la mort la palme du martyre, de l'autre,
l'apothéose du P. Bobola entouré d'anges qui lui font
un trophée des instruments de son supplice. Notre
sculpteur Cavasse avait exposé la statue du P. de
Bussy, image fidèle de la piété sereine et de la bonté
d'âme de cet apôtre, qui venait assister au triomphe
de ses deux frères. Nul ornement ne convenait mieux
à cette solennité.

Le jeudi 18, lecture a été faite des bulles de Pie IX,
qui permettent le culte des deux Bienheureux, et le
salut a été donné par M. le chanoine de Morlhon et
chanté par le chœur d'amateurs et d'enfants qu'ont su
former les bons Frères des écoles chrétiennes. Le ven-

dredi soir, le panégyrique du B. de Britto a été prononcé par M. l'abbé Fayolle, vicaire de Saint-Laurent. Son discours parfaitement écrit, débité avec chaleur et piété, a révélé un beau talent et plus que cela un cœur vraiment apostolique. Le salut a été donné par M. Blancheton, curé de Saint-Georges. Le samedi, M. Eynac, curé de Saint-Laurent, est revenu sur le même sujet qu'il a su élever et agrandir encore. Tous les détails de la vie du B. de Britto ont été mis en lumière, et l'orateur, accoutumé à subjuguer les esprits par sa profonde conviction, à toucher les cœurs par l'onction de sa parole, a joint un nouveau triomphe à ses anciennes victoires. Nous espérons pouvoir donner au moins des extraits de ces deux discours dont on réclame de toutes parts l'impression. Le salut a été donné, le même jour, par M. Péala, archiprêtre, curé de Notre-Dame. Le dimanche, M. Coupe, supérieur du petit séminaire, a fait le panégyrique du B. Bobola. Nous mettrons nos lecteurs à même d'apprécier ce beau discours, où la pureté et l'harmonie du style s'allient si bien aux mouvements de l'éloquence. Monseigneur lui-même a donné la bénédiction.

Nous n'avons parlé que des cérémonies du soir. Mais chaque matin a vu l'affluence des fidèles se renouveler plusieurs fois. Plusieurs messes étaient célébrées, et chacune d'elles était interrompue par quelque improvisation chaleureuse et accompagnée par des cantiques appropriés à la circonstance. Le chant de triomphe des martyrs, de la composition de Mlle Avond, excitait surtout l'enthousiasme. Le dimanche, de grand matin, le P. Maillard, provincial de Toulouse, électrisait la congrégation des hommes et l'attendrissait par de pieux souvenirs. A dix heures, Monseigneur, qui avait interrompu tout exprès sa tournée pastorale, est venu, malgré sa fatigue, officier pontificalement à Saint-Valère. Les cérémonies de la grand'messe ont été faites par les Messieurs du grand séminaire, et le chant exécuté par eux avec une admirable précision.

Nous espérons pouvoir mettre sous les yeux de nos lecteurs les panégyriques des deux bienheureux. Nous commençons par celui du P. Bobola.

PANÉGYRIQUE DU B. BOBOLA ,

PRONONCÉ, LE 24 MAI, DANS LA CHAPELLE DE SAINT-VALÈRE.

> Et ecce ego vobiscum sum singulis diebus, usquè ad consummationem seculi.
>
> Voilà que je suis avec vous, tous les jours, jusqu'à la consommation des siècles.
>
> (*S. Math.*, chap. 28, v. 20.)

MONSEIGNEUR,

C'est sur cette divine promesse de l'assistance journalière de N. S. J.-C., que l'Eglise accomplit, depuis plus de dix-huit siècles, ses immortelles destinées et qu'elle continuera de les remplir jusqu'à la consommation des temps, jusqu'au dernier jour du monde.

Quelle preuve sensible de cette vérité nous présente, C. F., la solennité qui nous a déjà réunis et celle qui nous rassemble encore aujourd'hui dans cet heureux sanctuaire !

Il y a à peine deux ans, nous célébrions le triomphe de cet apôtre de l'humanité, de cet esclave des nègres, comme il s'appelait lui-même, du bienheureux Clavière, qu'un jugement solennel émané de la chaire suprême venait de placer sur nos autels. Hier c'était un martyr, un missionnaire rougissant de son sang la terre qu'il avait si péniblement arrosée de ses sueurs et de ses larmes, le P. de Britto, qui était appelé aux mêmes honneurs, et voici qu'un troisième élu, l'héroïque Bobola, vient, après deux cents ans, d'être inscrit à son tour dans l'album des saints, dans ce livre du ciel où nous, pauvres exilés de la terre, avons le droit de lire les noms de nos protecteurs et nos modèles !

Est-il possible, M. F. ! Quel est donc cet étonnant pouvoir qui peut pénétrer ainsi dans les jugements de Dieu et, de sa science certaine, prononcer infailliblement dans une cause qui semble être du domaine exclusif du Tout-Puissant !

Chrétiens, reconnaissez-vous à ce signe l'assistance continuelle de J.-C. sur son Eglise? Vous faut-il une autre démonstration pour vous faire reconnaître qu'elle est bien réellement, comme elle se proclame, la colonne de la vérité, l'interprète fidèle des oracles éternels, le guide chargé de nous conduire à travers les ténèbres et les dangers de cette vie, et qu'il faut suivre, sous peine de tomber et de nous perdre dans l'abîme de l'orgueil et de l'erreur?

Et il se trouve des hommes qui méconnaissent cette éclatante lumière! Et il existe des schismes, des hérésies qui la nient avec obstination!

Or, voici le défi que l'Eglise, dans le jugement solennel qu'elle prononce sur la béatification et la canonisation des saints, jette à tous ses adversaires.

Ou bien, établissez, à l'aide de la science, dont j'épuise moi-même tous les procédés, avant de trancher des questions qui, résolues dans un sens purement humain, seraient un acte d'inconcevable démence, de la plus révoltante impiété, établissez, si vous le pouvez, que les faits sur lesquels je motive mes déclarations ne sont pas de vrais miracles, c'est-à-dire l'expression même de la volonté de Dieu; ou bien encore, prouvez que ces miracles, cette manifestation divine, appartiennent également aux juifs, aux mahométans, aux incrédules, aux sectes séparées de mon unité. Montrez-nous sur la tombe de Luther, de Calvin, sur celle de Rousseau, de Voltaire, les grâces extraordinaires, les guérisons merveilleuses opérées par l'intercession ou devant les restes vénérés des serviteurs de Dieu, que je proclame en jouissance de la béatitude céleste.

Vous reculez devant ce parallèle; vous aimez mieux vous inscrire en faux contre des témoignages que vous taxez de supercherie et d'ignorance. Mais passez de ces assertions qu'il est si facile de jeter sur toutes les vérités, à l'examen impartial des preuves. D'autres l'ont fait avant vous avec plus de droit de se montrer difficiles, et ils ont pu se convaincre; car telle est ma pratique justifiée par l'expérience des siècles, que l'homme le plus droit, le plus conscien cieux n'exige pas, pour envoyer au bagne ou à l'échafaud, une certitude qui approche de celle que je demande pour la constatation d'un miracle à l'appui des vertus si sévèrement recherchées dans le procès d'un saint.

Ce défi, M. F., qui n'a jamais été relevé, cette preuve sans réplique de l'esprit de Dieu animant encore son Eglise, comme du temps des apôtres et lorsqu'elle était visiblement gouvernée par son divin fondateur, il était nécessaire de vous les faire remarquer, avant de vous parler plus particulièrement de l'illustre martyr qui en est aujourd'hui un nouvel exemple. D'ailleurs, que puis-je me proposer de plus digne à la fois de votre piété et du bienheureux que nous sommes venus honorer, que de vous faire bénir, aimer de plus en plus cette sainte Eglise catholique, objet constant de ses travaux, de ses combats et enfin de sa précieuse mort.

C'est dans la malheureuse Pologne, dans un château du Palatinat de Sandomir, qu'André Bobola vint au monde, en 1592. C'était le temps où l'hérésie de Luther, après avoir embrasé l'Allemagne, désolait l'antique héritage des Casimir, des Jagellons dont le dernier descendant avait pu dire avec trop de vérité, au moment de s'ensevelir dans la tombe avec sa glorieuse dynastie : *Finita Polonia!* La Pologne a fini !

Une noblesse turbulente, divisée par l'esprit de secte et des prétentions rivales, plus souvent armée contre la faible royauté qu'elle faisait ou défaisait à son gré, que contre les ennemis du dehors qui débordaient sur toutes ses frontières ; le schisme donnant la main à l'hérésie pour ouvrir aux Russes, aux Suédois, aux hordes barbares des Cosaques de l'Ukraine, ces belles provinces qui, unies sous le drapeau de la Croix, avaient pu soutenir le choc de toutes les forces de l'Empire ottoman ; les lois sans force, sans application, cédant au gré des factions dont elles n'étaient plus qu'un instrument passif ; l'anarchie partout, dans les familles comme dans le gouvernement ; les prêtres, les évêques chassés de leurs églises par une populace ivre de fanatisme et de rage, et persuadée, à la voix de ses prédicants, que la spoliation, le massacre des ministres sacrés étaient le seul devoir qu'elle eût à remplir pour s'acquitter envers son nouveau culte : tel est, M. F., le triste tableau que présente, à côté de quelques rares retours de foi, de patriotisme, de victoires qui viennent encore éclairer ses sombres teintes, le pays dont la chute devait plus tard justifier l'arrêt de la Providence contre les empires qui rompent l'unité de la croyance et du pouvoir : *Omne regnum contrà se divisum desolabitur.*

Les Pères de la Compagnie de Jésus, qui, dès la naissance de leur institut, s'étaient trouvés prêts pour toutes les œuvres, pour tous les combats auxquels leur illustre fondateur les avait destinés, étaient venus, conduits par les chefs les plus habiles et les plus aguerris, Canisius, Maggio, Possevin, prêter à la cause de l'ordre et de la religion le secours de leurs lumières, de leurs vertus et de leur sang.

Bobola, issu d'une famille qui comptait parmi ses plus beaux titres son attachement héréditaire à la foi de ses pères, fut confié dès ses plus jeunes années aux soins des religieux de cet ordre, au collège de Sandomir.

Que se passait-il dès lors dans cette âme d'élite sur laquelle le Seigneur se plaisait à répandre tous les dons d'une précoce sagesse avec les grâces aimables qui attirent et gagnent les cœurs?

Les durs travaux de l'apostolat auxquels le jeune élève voyait ses pieux directeurs se dévouer avec tant de joie, les nouvelles qui lui parvenaient des persécutions qu'ils avaient à subir, du choix particulier que les ennemis de l'Eglise catholique semblaient faire d'eux, pour les poursuivre par le fer et par la flamme dans toutes les résidences qui tombaient en leur pouvoir; le bruit sans cesse renouvelé, dans ces jours d'alarmes et de terreur, des merveilleux exploits de cette milice d'élite dans les chaires, dans les armées, sur les champs de bataille; le martyre dont plusieurs avaient été successivement couronnés; toutes ces pensées continuellement présentes à l'esprit d'un jeune homme brûlant de l'amour de Dieu et qui sentait couler dans ses veines le sang d'un Polonais des vieux jours, avaient-elles déjà allumé dans Bobola le saint désir de s'immoler à son tour pour la cause saérée de la religion et de la patrie ? Il le faut bien, M. F., puisqu'à dix-neuf ans, malgré les longues résistances de sa famille, sans s'inquiéter du rang, des honneurs auxquels sa naissance, son instruction, ses talents lui donnaient droit de prétendre, il annonça et exécuta la résolution d'entrer dans la Compagnie de Jésus.

Passons sur ce noviciat de Wilna où les maîtres les plus consommés dans la direction des âmes reconnaissaient humblement la supériorité de leur disciple dans les vertus qui font les saints prêtres et les parfaits religieux, et arrêtons-nous quelques instants dans les collèges où il fut appelé à faire les premiers essais de son ministère.

On comprend, M. F., tout ce que l'œuvre de l'éducation, si difficile dans les temps ordinaires, devait éprouver d'obstacles, de contrariétés de tout genre dans les circonstances où se trouvait alors la Pologne.

C'était au milieu des alarmes continuelles de la guerre, du tumulte des factions intestines qu'il fallait façonner au joug de la discipline une jeunesse dont la fougue naturelle était sans cesse excitée par les mille bruits qui lui parvenaient du dehors. Chaque élève, en arrivant au collège, y portait l'esprit qui agitait sa famille et les mêmes factions qui divisaient et ensanglantaient le pays, partageaient en camps rivaux ces enfants, héritiers des préjugés et des haines de leurs pères et ne séparant pas, dans leurs bouillants instincts, la piété filiale, l'honneur de leur nom, du drapeau sous lequel ils savaient que leurs parents étaient rangés.

Joignez à ces préoccupations de la politique les germes de schisme, d'hérésie que quelques-uns avaient contractés dans des foyers infectés des erreurs du temps : voilà sur quel terrain Bobola et ses compagnons avaient à implanter, avec les fruits d'une forte et solide instruction, les fruits bien plus difficiles à recueillir des vertus chrétiennes.

Par quels efforts de zèle et de vigilance, par quelle abnégation, quelle héroïque patience, notre bienheureux parvint-il à dominer une situation si désespérée ? Qui lui enseigna le secret de gagner ces cœurs, de soumettre ces volontés? La charité, M. F., la charité telle que l'Apôtre nous en a tracé les divins caractères, bonne, compatissante, ne se recherchant jamais elle-même, supérieure à tous les tourments, à tous les ennuis, ne se lassant jamais, toujours prête à se dévouer, à s'immoler pour opérer l'œuvre de Dieu, la sanctification des âmes.

Il y a dans l'homme le plus pervers, à plus forte raison il existe dans l'enfant, un fond de droiture, de justice qui lui fait discerner dans les soins dont il est l'objet, la main intéressée du mercenaire de la main conduite par un sentiment plus généreux et agissant pour une plus noble fin.

Les élèves du P. Bobola, témoins, tous les jours et à tous les instants, des sollicitudes, des angoisses maternelles de cette âme en travail de l'enfantement à la grâce de J.-C. des fils de son adoption, commencèrent à s'étonner de se voir si tendrement aimés en échange de l'amertume dont ils saturaient le cœur de leur apôtre et de leur père. Ce sentiment de reconnaissance, toujours facile à réveiller dans le jeune âge, les rapprocha insensiblement du prêtre auquel ils sentaient qu'ils devaient quelque retour pour prix d'une affection si vraie, d'un dévouement si absolu. Bientôt la confiance s'établit : tout fut gagné. A l'aide de ce puissant ressort, la voix si douce, si pénétrante du missionnaire ne tarda pas à s'introduire dans des âmes dont toutes les avenues lui étaient livrées; et tel fut l'ascendant, avec l'aide de Dieu, que Bobola acquit sur ses disciples, que les collèges de Braunsberg et de Pultawa, les seuls qu'il lui fût donné d'évangéliser, comme professeur et préfet des études, devinrent bientôt une pépinière où le sacerdoce, la magistrature, l'armée, toutes les conditions recrutèrent plus tard les sujets les plus distingués et les plus éprouvés dans les luttes qui durent encore pour l'infortunée Pologne, même après la perte de sa nationalité, pour la défense de sa foi contre le plus barbare de ses oppresseurs.

Bobola, selon les usages de la Compagnie, après avoir terminé son cours de régence, passa aux fonctions du saint ministère. La ville de Wilna, dans la

Lithuanie, fut le principal théâtre où son zèle eut à
s'exercer. Le don de persuasion que le Saint-Esprit
avait mis sur ses lèvres, parut encore avec plus d'é-
clat au sein de cette grande cité. On ne pouvait se
lasser d'entendre cette parole si douce, si limpide,
qu'en lui cédant; on croyait n'obéir qu'à ses propres
inspirations, tant l'orateur s'effaçait pour ne laisser
place qu'à l'action divine dont il ne voulait être que
l'humble instrument.

Il est vrai qu'en le destinant, comme le saint pré-
curseur, à préparer les voies au règne de J.-C., la
Providence l'avait magnifiquement doué de toutes les
qualités qui, en rendant aimable la personne de l'o-
rateur, disposent les esprits à accueillir sa doctrine
et à se soumettre à ses leçons. Bobola, selon le témoignage unanime que lui ont rendu ses contempo-
rains, avait dans tout son extérieur quelque chose à
la fois de noble et de simple qui prévenait en sa faveur.
Son regard, où se peignaient avec une inexprimable
douceur une bonté, une compassion qui attendrissaient
les cœurs les plus durs, semblait pénétrer avec la vi-
vacité de l'aigle jusqu'aux derniers replis de la conscience. Sa diction pure et facile, soutenue par une
mémoire prodigieuse, par une instruction profonde
et variée, empruntait encore de la pureté et de la
flexibilité de son organe un accent qui savait tour-à-
tour s'élever au ton le plus puissant, le plus solennel,
comme les éclats du tonnerre, ou descendre à ce que
la prière a de plus plaintif, de plus pathétique. Pos-
sédant également le grec, le latin et la langue mater-
nelle, il savait, dans des conférences avec les savants,
les ministres des cultes dissidents, discuter dans
l'idiome qui leur était le plus familier. Plus jaloux,
au reste, de gagner ses adversaires à la cause de
Dieu que de se donner le mérite de les confondre en
irritant leur orgueil, il joignait à la lumière qui
éclaire l'humilité qui amollit les haines, l'onction qui
les guérit. Aussi, chose étonnante et presque inouïe
dans l'histoire des misères de notre pauvre humanité,
ce n'étaient pas seulement des grands, des lettrés
qu'il avait la consolation de faire rentrer dans le sein
de l'unité; mais des prédicants, des prêtres, vaincus

par ses exhortations, consentirent à descendre de leurs chaires de pestilence, à déserter les temples de l'erreur, pour se confondre, dépouillés de l'or, des dignités dont le mensonge avait payé leurs services, dans les rangs des simples fidèles, dans la plus obscure milice des vrais serviteurs de J.-C.

Plus heureux avec les pauvres, les hommes du peuple, avec lesquels son humilité se sentait plus à l'aise, il quittait avec joie les académies, les salons ; il fuyait les empressements des grands, leurs caresses, leurs louanges, pour aller dans les carrefours, les hôpitaux, balbutier avec des enfants, des malades, des mendiants, les éléments de la religion.

Pendant son séjour à Wilna, la peste se déclara au sein de cette immense population. Bobola, pendant que le fléau sévit avec le plus d'intensité, ne calcule ni avec ses forces, ni avec l'imminence du danger. Il est partout, mais plus particulièrement dans les quartiers les plus infectés. Il court surtout là où l'appelle le salut des âmes. C'est pour les âmes que le souverain Pasteur a donné sa vie : c'est pour les âmes que le prêtre doit être prêt à sacrifier la sienne.

Plein de cette maxime qui ne lui permet pas de s'arrêter à des considérations personnelles, il se multiplie à proportion que la peste multiplie ses rigueurs. Huit de ses compagnons sont emportés à ses côtés. Un grand nombre de prêtres séculiers subissent le même sort. Bobola, que le Ciel a réservé à de plus grandes épreuves, reste presque seul, honteux peut-être d'une exception dont il ne pénètre pas le motif, mais avec la conscience d'avoir tout fait, tout tenté pour n'être pas lui-même épargné dans ce commun désastre.

S'il avait pu rester jusqu'alors quelques esprits qui eussent résisté à l'éloquence du saint missionnaire, cet éclatant témoignage qu'il venait de rendre à son ministère était plus que suffisant pour dessiller les yeux les plus obstinément fermés à la lumière, pour faire fléchir les préjugés les plus invétérés. Aussi fut-il dès-lors regardé comme un oracle, un ange tutélaire auquel il n'était pas plus permis de résister qu'à Dieu lui-même. Le moment de jouir des succès acquis au prix de si rigoureux sacrifices paraissait donc être venu. Tout au plus, le soin de conserver des fruits si abondants, devait-il seul occuper un repos dont l'âge d'ailleurs, plus de soixante ans, semblait faire une loi. Du repos, M. F. : mais, pour une âme embrasée des saintes ardeurs de la charité, pour le cœur d'un apôtre, peut-il y avoir de repos tant qu'il reste des infidèles à ramener, des ignorants à instruire, le règne de J.-C. à dilater ! qui sent plus vivement que notre martyr cette soif du zèle, cette ambition des conquêtes de la Croix !

Wilna est gagnée ; mais dans le fond de la Lithuanie, vers ces frontières si souvent franchies par les Cosaques, le schisme a établi son plus fort boulevard. C'est là qu'il règne sous l'influence de la Russie, sous la protection des hordes barbares toujours prêtes à lui prêter le secours de leurs armes. C'est de là qu'il s'étend, qu'il se propage, qu'il contraint par la terreur, lorsqu'il ne peut pas séduire par l'astuce et le mensonge.

Déjà les jésuites ont fait partir pour ce poste d'honneur quelques-uns de leurs plus intrépides soldats. La place de Bobola est marquée dans ces contrées, que des confrères plus heureux ont arrosée de leur sang. Ah ! s'il pouvait, comme eux, y trouver la palme du martyre, seul objet de ses vœux et de ses espérances !

Va, pars, noble soupirant de la pourpre immortelle ! va, par de plus sublimes efforts, achever de gagner ce nom de conquérant des âmes, que Wilna murmure, mais qui ne te sera définitivement acquis que lorsque les persécuteurs et les bourreaux te l'auront jeté comme un outrage, lorsqu'ils l'auront gravé sur ton front en caractères de sang !

Bobola est à Piask, ou plutôt il n'a d'autre résidence que les lieux qui lui paraissent les plus favorables à cette chasse des âmes pour laquelle il oubliera jusqu'aux premiers besoins de la nature. Après avoir distribué à ses compagnons les divers emplois que chacun d'eux aura à remplir, le poste qu'il occupera dans cette battue générale qui doit remplir les filets de l'Eglise ; après avoir communiqué à tous ces valeureux combattants l'esprit qui l'anime, il commence avec eux cette mémorable mission, l'une des plus périlleuses, mais en même temps la plus féconde dont l'histoire nous ait conservé le souvenir.

Pour lui, semblable au bon pasteur qui court après la brebis égarée, il parcourt les villes et les bourgades, il fouille jusqu'au moindre village, il pénètre dans toutes les maisons. Sur les routes, dans les champs, dans les forêts, il accoste le voyageur, il entre en propos avec le laboureur, le bûcheron, toujours gai, toujours affable, tranquille. Si ses premières ouvertures lui attirent des sarcasmes, des injures; si des cris de fureur, des menaces de mort sont vociférées à ses oreilles, il attend sans crainte, sans émotion que ce premier orage soit passé; puis, avec ce regard que la charité rend si éloquent, de cette voix qu'on ne peut entendre sans l'aimer, il s'insinue, il presse, il conjure et finit presque toujours par éclairer et par ravir. Des diocèses entiers, sur la dernière pente d'une complète défection, rentrent dans l'unité. Ce n'est plus une à une, c'est par milliers qu'il faut compter désormais les conversions qui éclatent de toutes parts. Des curés viennent, à la tête de leurs paroisses schismatiques, abjurer leur fatale division. Partout la vérité triomphe, partout l'erreur, forcée dans ses derniers retranchements, est contrainte de rendre les armes; mais sa rage, à la fin, est exaspérée par les humiliations infligées à son orgueil. C'est Bobola qui a fait le plus de ravages dans ses rangs : c'est contre lui qu'elle va dresser ses plus perfides machinations.

Dans un conseil tenu par les chefs du schisme, assistés de leurs plus fanatiques sectaires, sa mort est résolue comme le moyen d'échapper à une ruine complète. Ainsi les princes de la synagogue avaient conspiré contre J.-C., par la même raison que le peuple courait en masse se ranger à sa suite : précieux rapprochement entre le serviteur et le maître! Conformité de toutes les erreurs, de toutes les passions dans leur éternelle conjuration contre la vérité et la vertu! Seulement, la lâcheté instinctive de ces disciples des Grecs dégénérés du Bas-Empire, les oblige d'ajourner leurs sinistres projets.

Le gouverneur de la Lithuanie, catholique zélé, guerrier éprouvé sur vingt champs de bataille, a pris sous sa protection les missionnaires. L'assassinat exposerait aux rigueurs de ses vengeances et celui qui l'aurait exécuté et peut-être les conseillers du crime. Un expédient se présente, honteux, anti-national, qui, pour une tête vouée à la mort, en fera tomber une multitude d'autres contre lesquelles on n'a ni haine, ni intérêt à satisfaire. N'importe : pourvu que Bobola périsse, l'honneur, la patrie, l'humanité ne sont plus rien. Des émissaires secrets sont envoyés aux Cosaques. On leur demande de fondre à l'improviste sur une ville sans défense. On ne compte pas avec la soif du sang et du pillage : tout ce qu'on leur demande, c'est de ne pas manquer Bobola. En attendant, on multiplie autour de lui toutes les avanies, tous les dégoûts dont le génie du mal peut s'aviser.

L'ordre est donné parmi les frères, de vaincre son courage, de lasser sa patience par tous les traitements qu'il sera possible de lui faire subir sans trop se compromettre avec le gouverneur.

Une bande d'enfants s'attache à ses pas, le poursuit de ses clameurs, couvre sa voix de ses étourdissants hurrahs. Des mains invisibles font pleuvoir sur lui les pierres, les projectiles les plus honteux.

« Chien de jésuite ! chien de papiste ! ravisseur des âmes ! »

C'était au milieu de ces huées qui l'attendaient dans toutes les rues, qui l'accompagnaient dans toutes ses courses, que Bobola, les yeux baissés ou tendrement élevés vers le ciel en faveur de ces malheureux instruments de l'opiniâtre fureur de leurs pères, accomplissait à Pinck, à Ianoff, un ministère qui lui rappelait à chaque instant les humiliations du prétoire et du calvaire.

Que si, dans les élans de sa compassion pour ces jeunes infortunés, il cherchait à en tirer quelques-uns à l'écart pour leur faire entendre quelque douce remontrance, telle était l'horreur qu'il inspirait, qu'on fuyait ses caresses, qu'on repoussait ses étreintes, comme si chacun de ses pores avait exhalé une contagion mortelle. « Hourra ! hourra ! chien de prêtre !

chien de papiste! » Et les groupes, un moment dissipés, se reformaient plus bruyants, plus hostiles, et les malédictions retombaient plus acharnées, plus nombreuses sur ce cœur brisé, mais jamais irrité.

Enfin, nous touchons au moment où la victime, préparée par tant d'épreuves, va accomplir son dernier sacrifice. Dieu a parlé au cœur de son apôtre et, en lui montrant la lice, il l'a armé de toute la force nécessaire pour lui en faire atteindre le terme.

Disons aussi, M. F., ce que la rapidité des précédents récits ne nous a pas permis de remarquer.

Bobola, comme tous les fidèles sur lesquels le Seigneur a des vues particulières de miséricorde, à l'exemple surtout des hommes apostoliques qui ont une intelligence plus parfaite de l'importance et des voies du salut, Bobola, dès son enfance, avait voué à Marie le culte le plus tendre, la confiance la plus filiale. C'est à cette Reine des apôtres qu'il avait consacré les prémices de son sacerdoce; c'est à elle qu'il attribuait tous les fruits qu'il avait eu la consolation de recueillir. Aussi s'appliquait-il avec un soin particulier à la faire connaître, bénir et aimer par toutes les âmes qu'il parvenait à engendrer à son divin Fils. C'était pur les pieuses congrégations établies en son honneur, qu'il était parvenu à fonder dans les collèges cet esprit de régularité, de piété qui avaient fait tant d'honneur à ces établissements. C'est elle qui avait présidé à toutes ses missions; jamais il n'était monté en chaire, jamais il n'avait formé quelque entreprise pour la gloire de Dieu et l'utilité de l'Eglise, qu'il n'eût au préalable invoqué dans toute l'effusion de son cœur l'assistance et l'appui de celle de qui nous viennent tous les biens; et aujourd'hui que comme un généreux bélier, le chef et l'honneur d'un troupeau d'élite, il est choisi par le pasteur suprême pour le plus beau, le plus solennel des holocaustes, c'est à la Reine des martyrs qu'il se proclame débiteur d'une grâce dont il sent toute la distinction. C'est elle qui le soutiendra dans cette longue et cruelle agonie dont il est temps de vous représenter, dirai-je l'épouvantable drame, ou mieux l'incroyable gloire!

Ce n'est plus moi qui parle : ce sont deux centquatre-vingt-dix témoins interrogés sur la foi du serment, qui vont raconter ce qu'ils ont vu, ce qu'ils ont entendu :

Le mardi 16 mai 1657, une bande de Cosaques surprend la ville de Ianoff, demandant à grands cris qu'on leur livre Bobola. Pendant qu'ils font mainbasse sur les prêtres, sur les catholiques particulièrement désignés à leurs coups, quelques amis de notre saint courent au village de Péreldino, à quelques milles de distance, l'avertir du danger qui le menace. Il achevait la sainte messe. Quel moment plus favorable pour le digne ministre de Jésus-Christ, de lui offrir le sacrifice de sa vie, que celui où il venait de recevoir le vin des forts, le pain de l'immortalité ! Aussi son premier mouvement fut-il de refuser les moyens d'évasion qu'on venait lui offrir et d'aller au devant des bourreaux qu'il appelait de tous ses vœux. Mais vaincu par les instances de ses chers néophytes, qui le conjuraient avec larmes de ne pas les abandonner dans un moment où leur foi pouvait être exposée aux plus fatales épreuves, il se laisse conduire à la voiture qui l'attendait sur la route.

Dieu, qui avait accepté l'offrande de son serviteur, permit que la voiture prît précisément le chemin par lequel les Cosaques impatients s'avançaient pour chercher leur victime. Leur rencontre est bientôt signalée. Les deux compagnons de Bobola se précipitent et courent chercher un asile dans la forêt voisine. Il reste seul entouré des barbares qui l'accablent de leurs blasphèmes et de leurs injures. Deux coups de sabre ont déchiré ses épaules ; mais une prompte mort ne satisferait pas assez cette soif de haine qui dévore les ennemis du missionnaire. On le dépouille de ses vêtements, on l'attache à un arbre et on lui fait subir une longue flagellation. Son corps n'est bientôt plus qu'une plaie ; un nouveau supplice succède au premier. Il faut que cette tête maudite soit punie des respects dont elle a été si longtemps l'objet, du prestige que cette physionomie si expressive a exercé sur les peuples séduits. On tresse avec des branches de chêne une couronne qu'on serre avec effort sur ses tempes, sur son front, et dans cet état, à l'aide d'une corde passée autour de son cou et fixée par les deux bouts à la selle de deux cavaliers, on le traine dans la direction de Ianoff. C'est à Ianoff que les Barbares ont laissé leur capitaine et le gros de leur troupe. C'est à Ianoff qu'ils brûlent d'étaler leur trophée et de se repaître à loisir d'un supplice plus lent et plus raffiné.

Mais avant, et comme pour se préparer un prétexte aux tortures qu'ils méditent, ils essaient d'intimider leur prisonnier et de lui arracher une parole d'apostasie.

Prêtre, papiste, renonces-tu à ton Eglise? dis-tu avec nous anathème à l'antechrist romain? Pauvres aveugles!

Faire apostasier Bobola, Bobola si heureux dans son humble confiance de porter sur ses membres les stigmates de la passion de Jésus-Christ, flagellé comme lui, couronné comme lui; comme lui encore sillonnant de son sang ce nouveau calvaire sous le sabre qui l'oblige de se relever lorsque, épuisé de fatigue, de sueur, de souffrances, il chancèle et tombe entraîné par la course rapide des chevaux. On arrive à Ianoff. Le curé venait d'être arrêté; déjà lié à un arbre et blessé d'un coup de sabre, il allait être mis à mort; mais au nom de Bobola qui retentit de toutes parts, ses bourreaux l'abandonnent pour se joindre au cortège qui amène une proie plus convoitée. Le voilà ce ravisseur des âmes : c'est lui, c'est cet ennemi de la foi orthodoxe! Mort au papiste! mort au jésuite!

C'est toi, scélérat! s'écrie le capitaine des Cosaques; qu'es-tu venu faire dans ce pays? Parle, réponds : Renonces-tu à ton pape de Rome et à son Eglise?

Mes enfants, répond le prêtre de Jésus-Christ, dites vous-mêmes anathème au schisme qui vous trompe et qui vous damnera.

Le capitaine brandit son sabre; Bobola, par un mouvement instinctif, avance le bras pour parer le coup qui menace sa tête; sa tête échappe en effet, mais la main est presque séparée du bras auquel elle ne tient plus que par quelques nerfs.

Non loin était une boucherie où s'offraient sous la

main des bourreaux les instruments les plus propres à servir leur fureur. On le traîne dans ce lieu de sang. Des torches sont allumées ; on les promène sur ses côtés et sur sa poitrine :

« Prêtre, renonce à ta foi ! » Un regard plein d'une céleste paix, d'une radieuse espérance est la seule réponse à cette nouvelle sommation. Un des bourreaux en est troublé. Il détourne la tête ; mais son glaive a percé l'œil qu'il se réjouit de ne plus retrouver comme une accusation et un remords. Quel spectacle, M. F. !

Les chairs tombent liquéfiées par l'action du feu. Les pointes des sabres, les coups les plus violents meurtrissent, mutilent ce corps qui semble devenu insensible à tous les tourments.

Vous pouvez, telles sont les paroles recueillies par les témoins de cette affreuse scène, *vous pouvez mettre mon courage à l'épreuve, et vous verrez ce que Dieu peut en moi. Je le crois et je le confesse ; comme il n'y a qu'un seul Jésus-Christ, il n'y a aussi qu'une seule Église, l'Église catholique romaine, pour laquelle je suis heureux de mourir à l'exemple des apôtres et de tant de martyrs.*

Ce n'était plus de la rage ; c'était de la frénésie. Le martyr est suspendu par les pieds, et aux mouvements convulsifs qui l'agitent dans cette horrible attitude, un sourire infernal court sur les lèvres des Cosaques. *Voyez comme il danse le Polonais !* Cette moquerie a fait fortune et les rangs se grossissent pour voir danser le Polonais. Ce Polonais, ce n'est plus seulement Bobola, ce n'est plus un prêtre isolé ; c'est le sacerdoce catholique que les sauvages moscowites poursuivent dans un de ses plus dignes, de ses plus illustres représentants.

Prêtre romain, s'écrie un de la troupe, tu n'as qu'une petite tonsure, je vais t'en faire une plus grande ; et avec la pointe de son sabre il taille en cercle la peau du crâne qu'il enlève sanglante au milieu des éclats de rire de ses compagnons.

Prêtre romain, reprend un autre, tes mains ont besoin d'une nouvelle consécration ; et il écorche, en ricanant, les doigts qui ont reçu l'onction sainte.

Prêtre romain, tu as besoin d'une chasuble ; et on

lui enlève la peau du dos tout entière. Puis les bourreaux répandent de la paille hachée sur cette large
blessure et, serrant violemment le corps, ils font pénétrer jusqu'aux os une myriade de plaies.

Est-ce assez? Attendez encore, M. F. Je le sens, je
vous fais horreur; mais les mérites de notre bienheureux appartiennent à la gloire de Dieu; mais par le
décret de sa béatification, ses mérites sont devenus
notre propre bien. Surmontons donc ce qui afflige, ce
qui soulève la nature dans des détails qui navrent et
serrent le cœur, pour n'y voir que le triomphe de la
grâce et l'exaltation de notre sainte foi.

Plus Bobola approchait de la palme éternelle, plus
sa physionomie, naturellement si noble, si gracieuse,
paraissait réfléter les rayons de cette lumière divine
qui revêt les saints dans les splendeurs célestes; et
cependant à qui pouvait mieux s'appliquer, après l'auguste victime du calvaire qui en a été l'objet, cette
parole du prophète : *Vidimus eum et non erat aspec-
tus... Despectum et novissimum virorum, virum
dolorum.... et quasi absconditus vultus ejus et de-
spectus.*

Des joues livides, meurtries, gonflées; une bouche
privée de ses dents cassées sous les gantelets de fer
des cosaques; les plus sales immondices mêlées avec
le sang, encroûtant tous les traits et laissant à peine
reconnaître quelque trace d'une forme humaine; tel
était l'aspect sous lequel Bobola, appartenant déjà
plus au ciel qu'à la terre, excitait encore la jalousie
de ses meurtriers. Voyez comme il est beau encore ce
papiste, faisons-en un monstre! Cette proposition est
accueillie avec transport. On lui coupe le nez et les
lèvres; mais un monstre doit avoir des griffes. Faisons des griffes au papiste. Et taillant des morceaux
de bois, qu'ils façonnent grossièrement en guise de
serres, ils les lui enfoncent sous les ongles des pieds
et des mains.

Jésus! Marie! Joseph! Mes chers enfants, que le
bon Dieu vous pardonne! qu'il vous fasse rentrer dans
le sein de la véritable Église!

Langue maudite, voleur des âmes, tu voudrais encore nous séduire! Et aussitôt des bourreaux lui ou-

rent derrière la tête une large plaie. Leurs mains, passant à travers les chairs palpitantes, les nerfs, les tendons rompus, vont saisir dans ses racines cette langue qui achève à peine sa dernière bénédiction. Ils l'arrachent avec effort et, la montrant comme en triomphe, ils la foulent ensuite aux pieds pour protester de la victoire de la force barbare sur l'empire de la persuasion et de la charité.

Tout paraissait consommé, et cependant Bobola respirait encore. On eût dit que le ciel, attentif à contempler ce grand spectacle, voulût prolonger les forces et la vie de son athlète, pour rendre plus éclatante une manifestation à la honte du schisme et pour l'éternel honneur de la religion.

Les Cosaques le jettent sur un fumier. Un dernier coup de sabre plongé dans le côté achève une agonie immédiatement suivie de la gloire dont le ciel ne gardera pas seul le secret, mais qu'il se chargera lui-même de publier au temps prévu dans les conseils de sa sagesse et de sa miséricorde.

Ce temps, M. F., est arrivé.

Entendez la congrégation des Rites, cette vénérable assemblée de théologiens, de cardinaux auxquels est confiée la tâche de préparer les décisions de l'Eglise sur les actes et les miracles des saints proposés à nos hommages et à nos prières.

« Jamais, peut-être, » ce sont les propres paroles de cette auguste compagnie, « jamais un aussi cruel martyre ne fut soumis au jugement de ce tribunal.

Tam crudele, vix ac ne vix quidem, in hac sacrá congregatione propositum fuit simile martyrium.

Entendez le vicaire de Jésus-Christ, en vertu de son autorité apostolique, déclarer au monde entier qu'il est constant, avéré, digne de toute créance, que les signes les plus manifestes de la toute-puissance divine proclament Bobola martyr, témoin mort pour la défense de l'Eglise de Jésus-Christ, et comme tel admis à la béatitude céleste.

Et quels sont ces signes, interprètes infaillibles des jugements de Dieu, qui ne permettent pas à son représentant sur la terre d'hésiter dans le sens qu'il leur attribue? Les actes du procès en rapportent plus de huit cents ; mais celui qui sert de fondement à toute la cause, quand il serait seul, laisserait-il à un esprit impartial le plus léger doute ?

Après soixante et quatorze ans de sépulture, le corps de Bobola a été retrouvé aussi préservé de toute corruption que le jour où il fut déposé dans le tombeau. Un sang frais et vermeil, des blessures aussi vives que si on venait de les ouvrir, et au lieu des exhalaisons fétides de la mort, une odeur suave qui saisissait les nombreux spectateurs accourus au bruit du prodige. Voilà ce que tout une ville a vu, ce que des milliers d'étrangers de toutes les classes, de tous les âges, et parmi eux, les hommes les plus qualifiés, les plus instruits, attestent avec serment.

Parlerai-je des guérisons extraordinaires opérées par l'invocation d'un nom devenu dans la Polosie, la Lithuanie, dans toute la Pologne, l'objet d'une vénération, d'une confiance universelles ? Ce sont des rois, des princes, des évêques qui viennent raconter ce qu'ils ont personnellement éprouvé ou les faits dont ils ont été témoins.

Il est bien tard, dira-t-on, après deux cents ans, d'exhumer un nouveau saint et de lui créer des honneurs posthumes.

Qu'importe, si les preuves subsistent, si elles ont été recueillies lorsque les évènements étaient encore récents et qu'il était si facile de les discuter ?

Il est bien tard ; mais songez à tout ce qui s'est passé en Europe et surtout en Pologne depuis les premières informations ?

Rappelez-vous cette illustre compagnie de Jésus, si heureusement rétablie de nos jours et dont la ville du Puy plus qu'aucune autre cité a le droit de s'enorgueillir, persécutée, chassée par des états livrés aux mains des disciples de Voltaire ou à d'infâmes courtisannes ; et dans ce long exil qui priva l'Eglise de ses plus intrépides défenseurs, la Pologne abandonnée, livrée à ses ambitieux voisins. Etait-ce l'heure, dans ces époques de défaillance, de dégradation générale, de faire monter sur les autels un Polonais, un jésuite, quand ces deux noms ne rencontraient partout qu'une froide indifférence ou une fanatique répulsion !

Mais pourquoi aujourd'hui ?

Ah ! M. F., permettez-moi, sans vouloir sonder par un regard téméraire un avenir dont la Providence a seule le secret, de répandre dans un auditoire si chrétien, si pieux des vœux et des espérances qui semblent toucher à leur réalisation.

Il existe un homme qui, non content de commander à soixante-dix millions de sujets, d'étendre son sceptre sur des provinces qui à elles seules équivalent à plus de la moitié de l'Europe, a voulu ajouter à la couronne des empereurs la tiare des pontifes. A l'aide d'un fantôme d'épiscopat composé de courtisans vendus à tous les caprices de leur maître, d'une légion de popes, de prêtres recrutés parmi les serfs de son empire, sans instruction, sans mœurs, sans autre discipline que la crainte du bâton ou de la prison, le grand czar de Russie n'aspire à rien moins qu'à la domination des consciences, à la direction suprême de la foi, comme, sous le règne du paganisme, les Néron, les Dèce, les Dioclétien ; tous ces fils de Jupiter prétendaient unir, dans leur éternité d'un jour, les foudres du ciel au glaive de la terre.

Or, c'est sous cette domination impie que la majeure partie de la Pologne est condamnée à gémir. C'est peu pour cette nation désolée d'être effacée de la liste des peuples, de subir le joug d'un vainqueur qui sentit si souvent l'effet de sa valeur et le poids de ses armes ; résignée à la loi des faits, elle ne demande qu'à conserver ce qu'aucune tyrannie ne peut arracher du cœur de l'homme, la liberté de servir Dieu selon ses convictions, de rester fidèle au culte de ses pères ; et cette liberté lui est refusée ! Tout ce que l'astuce ne peut tromper, tout ce que la séduction ne peut corrompre, la force est employée à le réduire.

Ainsi le midi de la France a vu naguère une vierge sacrée, l'abbesse d'une maison religieuse, échappée par miracle au martyre dont tout son corps conserve encore les glorieuses traces, aller chercher un asile aux pieds du vicaire de Jésus-Christ.

Ici ce sont des paroisses, des diocèses entiers qui, au moyen des changements introduits dans la lithurgie, se trouvent, sans s'en douter, avoir passé au schisme sous des pasteurs astucieusement substitués aux curés et aux évêques légitimes.

Là, des soldats missionnaires, le sabre au poing, la lance en arrêt, chassent devant eux, comme un vil bétail, des populations éperdues, sommées, par ordre de leur gracieux souverain, de ne reconnaître d'autres temples que ceux où il lui plait de les parquer.

Que si une voix généreuse s'élève du sein des ruines amoncelées par la plus savante et en même temps la plus odieuse des persécutions, les déserts de la Sibérie, les profondeurs des mines ont bientôt étouffé ces accents impuissants restés sans écho. Chose étonnante, M. F., les pays jadis les plus célèbres par leur intolérance de la vérité, ont changé leur législation ou l'ont tellement modifiée, que l'Eglise peut fleurir encore à l'ombre d'un pouvoir hétérodoxe, mais sachant au moins respecter la justice et la liberté des consciences.

Il n'y a pas jusqu'à ces Turcs, ces vieux et formidables ennemis du nom chrétien, qui n'aient appris à regarder d'un œil, sinon ami, au moins pacifique et bienveillant, les enfants de l'Eglise catholique.

Le Russe seul, dans son insatiable ambition de voir tout à ses pieds, poursuit, sans s'arrêter, ce système de persécution à outrance qu'il ne sépare jamais de la barbare maxime dont le véritable christianisme avait réussi à délivrer l'humanité : *Væ victis !* Malheur aux vaincus !

Eh bien ! M. F., une nouvelle constellation se lève sur ce ciel si rembruni de la Pologne. Bobola lui est donné dans ces jours de ténèbres et de colère, comme un phare lumineux, comme une colonne pour éclairer les aveugles, pour soutenir l'édifice de l'antique foi sapé dans toutes ses bases.

Et voyez comme tout semble se lier dans les desseins de Dieu pour confondre le plus dangereux ennemi que l'Eglise ait aujourd'hui à redouter? Un pas de plus, et l'autocrate de Russie, assis sur le trône de Constantinople, pouvait faire craindre à l'Europe entière de l'asservir à sa formidable puissance et à sa perfide orthodoxie; et voilà que nos soldats, après avoir relevé le trône du souverain pontife, ont atteint ces rives de l'Orient et vont dire au schisme, comme ils ont dit au carbonarisme italien, au socialisme de France : Tu n'iras pas plus loin ! Ici se brisera ton orgueil ! ici finira l'ère des persécutions !

Ah ! ne demandons plus pourquoi ce nouveau saint, pourquoi ce martyr de la barbarie moscowite paraît contre toute attente, sans qu'aucune prévision humaine ait songé à accommoder le jour de son triomphe aux circonstances présentes.

C'est encore un protecteur, un chef ajouté à notre valeureuse armée, ce Français du Nord, ce géant de la Pologne qui ira avec nos braves demander compte de son sang à ceux qui versent encore le sang de son peuple et de ses enfants.

Arrêtons-nous, M. F. ; mais avant de finir, élevons vers le ciel un cœur plein de reconnaissance et humilié en même temps à la pensée d'avoir si peu correspondu aux bienfaits dont il ne cesse de nous combler.

Qu'avons-nous fait pour mériter que Dieu nous ait conservé, malgré le dérèglement de nos mœurs, la faiblesse et la lâcheté que nous portons à son service, cette foi que tant d'autre peuples ont perdue, que la Pologne a aujourd'hui tant de peine à conserver en la cultivant de ses sueurs et de son sang comme la palme du martyre.

Et cependant, combien de fois la terre n'a-t-elle pas tremblé sous nos pas ! que d'avertissements n'avons-nous pas reçus de la part de celui qui pèse dans la balance de sa justice les individus et les peuples, et leur retire, selon la mesure de leurs crimes, le flambeau qui n'éclaire plus que leur défection et leur ingratitude.

Sed nos qui vivimus, benedicimus Domino.

Nous vivons, M. F., grâce au génie providentiel qui a refoulé dans ses sombres repaires, honteux et rugissant de sa défaite, le monstre à double face de l'impiété et de l'anarchie.

Nous vivons, et des jours d'une sérénité, d'une tranquillité telles que nos pères en virent bien rarement, nous permettent de remplir en paix, libres des préoccupations d'une patrie agitée par des troubles et des dissentions, les devoirs qui nous lient envers celui par qui tout vit, tout respire.

Est-ce bien là, M. F., l'usage que nous faisons du calme, des avantages matériels dont nous jouissons ? Ne nous arrive-t-il pas, au contraire, de prendre occasion de la sûreté, du repos, de l'aisance qui embellissent notre existence, pour abandonner des pratiques qui coûtent trop à notre sensualité, à notre mollesse, pour consacrer au culte du plaisir, des pompes, des vanités du siècle, une affection dont le Seigneur est exclus.

Ingrats et malheureux que nous sommes ! si l'affliction frappait à nos portes; si nos rues, nos places publiques retentissaient des vociférations d'une horde de brigands, d'assassins, qui demanderaient nos biens et nos têtes, la crainte nous ramènerait au pied des autels, des tribunaux sacrés, de la table eucharistique, que nous ne désertons que parce que nous nous croyons assez forts, assez sûrs des créatures qui nous entourent pour pouvoir nous passer de Dieu.

Et qui nous garantit que les nuages de colère que nous accumulons sur nos têtes, n'éclateront pas au moment où nous y penserons le moins? Au défaut des calamités publiques dont aucune prudence, aucune force humaine ne peut nous préserver, si le calice de la colère de Dieu vient à déborder, n'avons-nous pas les accidents particuliers, les maladies, la mort pour nous tenir dans une sage vigilance, dans une crainte continuelle des vengeances divines?

Instruisons-nous donc, M. F., à l'exemple que nous avons sous les yeux. Reconnaissons, en comparant le témoignage que le Ciel a demandé à Bobola avec le peu qu'il exige de nous, combien sont faibles les prétextes dont nous cherchons à nous couvrir pour omettre les devoirs les plus essentiels à notre titre de chrétiens. Rougissons, en présence de cette haine continuelle que notre martyr exerça contre sa chair, de la générosité avec laquelle il l'immola au Seigneur, des coupables ménagements que nous conservons pour la nôtre, et en nous jugeant sur cette vérité, qui nous est rendue si sensible par la vie et la mort de notre Bienheureux : *Celui qui aime son âme dans le temps, la perdra; celui qui hait son âme dans le temps, la conservera pour l'éternité,* décidons-nous à embrasser résolument les rigueurs de la Croix pour avoir part à ses ineffables consolations.

PUY, TYP. MARCHESSOU.

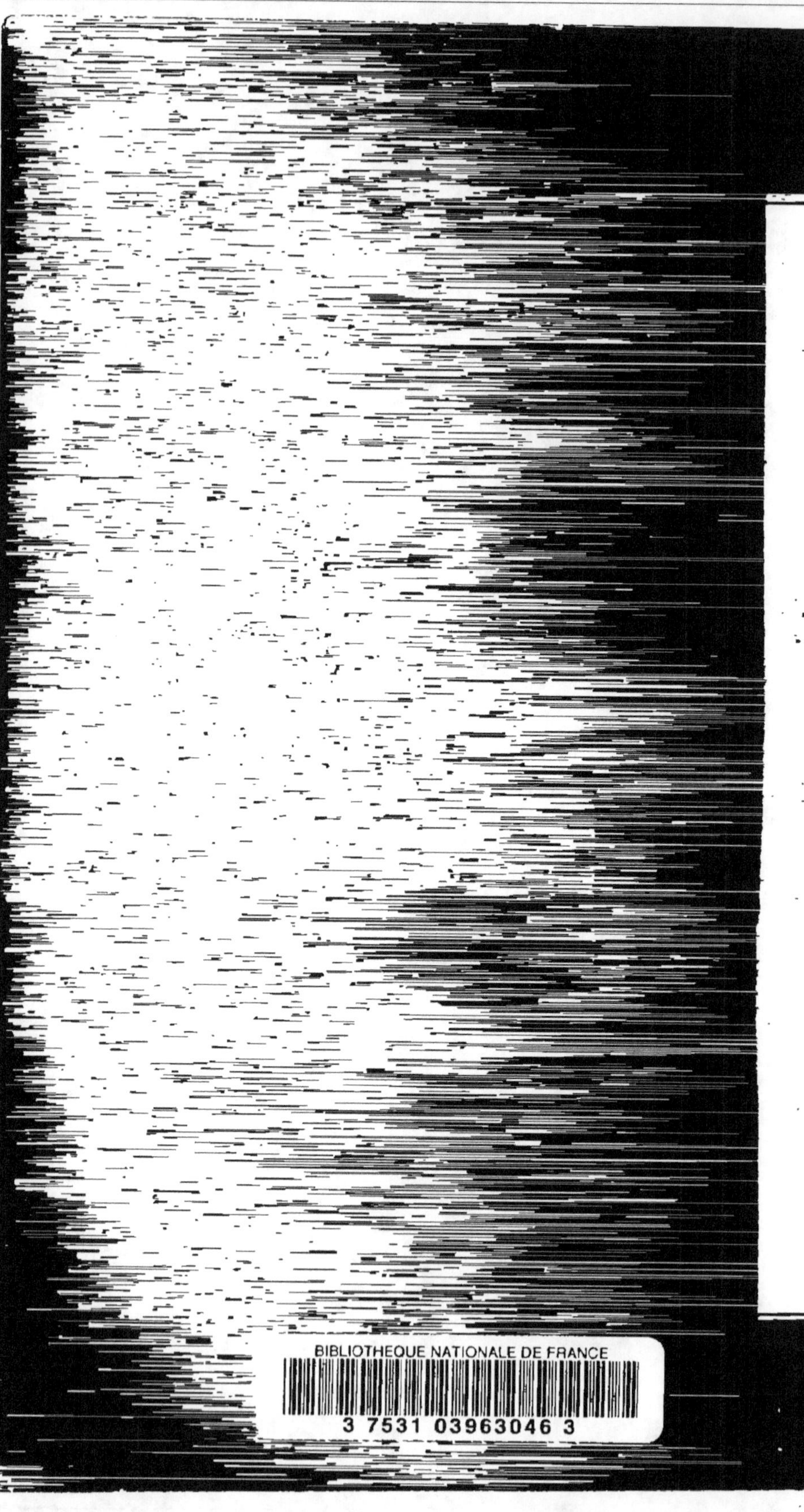